Deine Wissenschaft des Reichwerdens
nach Wallace D. Wattles

von Stefan Elsässer

IMPRESSUM:

Stefan Elsässer
Borngasse 1
63825 Westerngrund

Tel: 01781538677

www.stefan-elsaesser.de

Herstellung und Verlag:
BoD – Books on Demand, Norderstedt
ISBN: 978-3-7528-9840-8

Inhaltsverzeichnis:

TEIL 1:

TEIL 2:
Die Wissenschaft des Reichwerdens in der Praxis

TEIL 1:

Die Wissenschaft des Reichwerdens

Einleitung:

Im Februar 2015 verlor ich mit einem Riesen Knall alles, was ein Mensch verlieren kann. Ich verlor meine Familie, mein Zuhause, mein Geld bis in den 5 stelligen Bereich, meine psychische Gesundheit, meine Arbeit und meine ach so tollen Freunde.

Nach 2 Wochen im eisig kalten Auto hatten meine Eltern mein altes Kinderzimmer wieder ausgeräumt und halbwegs bewohnbar gemacht. Dort Hause ich seither. Stellen Sie sich das mal vor – mit 38 Jahren stehen sie vor dem absoluten Nichts!

Die logische Konsequenz war ein kompletter Zusammenbruch. Ich lieferte mich selbst in die nahe gelegene Psychiatrie ein, mit der Diagnose: Sehr schweres Trauma und Depression Stufe 3. Da Sie nur mit Tabletten an mir herum experimentierten, war ich in Sachen Heilung auf mich alleine gestellt. Weil ich keinen Therapeuten fand, der sich Qualifiziert fühlte ein so schweres Trauma wie das meine zu heilen nebst Depression Stufe 3 nahm ich die Sache selbst in die Hand. Ich begann mit dem Bibelstudium, wodurch ich meine Depression automatisch von Stufe 3 auf 0 brachte und ich lernte NLP um mein Trauma zu bewältigen. Das einzige Problem was sich erst vor kurzem lösen ließ war die Einsamkeit.

Innerhalb von 2,5 Jahren habe ich mein gesamtes Leben fast wieder in den Griff bekommen. Beinahe hätte ich über einen längeren Zeitraum 10€ die Stunde verdient, beinahe hätte ich mir wieder eine neue Wohnung leisten können, beinahe hätte ich im Juni an einem High Performance Verkaufsseminar teilgenommen, beinahe wäre ich nicht mehr einsam gewesen, aber:

Mitte April passierte schon wieder eine Katastrophe! Mir wurde von meinem damaligen Arbeitgeber ein Kündigungsbetrug angetan, weshalb ich über vier Monate vollständig mittellos war. Dadurch hat mein damaliger Flirt das weite gesucht, ich konnte mir die neue Wohnung nicht leisten, ich konnte mangels Geld von Arbeitsamt, Krankenkasse (Rückfall auf Stufe 3) oder Jobcenter nichts zum Essen oder Trinken kaufen und auch nicht tanken. Ich konnte das Verkaufsseminar nicht an bezahlen und wurde, obwohl ich mit meinem aller letzten Sprit dort vorgefahren bin und obwohl ich alles bis ins aller kleinste Detail erklärt habe an der Tür abgewiesen.

So stand ich dann da – hochgradig depressiv, ohne Sprit im Tank um nach Hause fahren zu können, ohne Geld im Beutel um mir etwas zum Essen oder Trinken kaufen zu können und ohne die geringste Hoffnung.

Nach mehreren Stunden Schockstarre viel mir ein, das ich ja ganz in der Nähe von Königstein war und Nikolaus B. Enkelmann mit Sicherheit ein guter Partner wäre für ein Projekt was ich plante, doch als ich dort ankam erfuhr ich, das mein aller letzter Rettungsanker vor wenigen Tagen verstorben sei.

Beim ersten mal hatte ich während der Behandlung eine schizophrene Episode und hörte an der Mauer des Schlosses meiner Stadt einen Engel, der mich einlud nach Hause zu kommen und all den Schmerz hinter mir zu lassen. Damals antwortete ich mit dem fünften Gebot Gottes, doch jetzt war es definitiv genug! Ich ging zur Ruine der Burg Falkenstein. wartete, bis alle Besucher weg wahren, stieg auf die Mauer und wollte es endlich zu Ende bringen. Doch statt zu springen ließ ich einen Mark erschütternden Schrei fahren, vordem selbst ein Klingone vor lauter Angst geflohen wäre. In ganz Königstein gingen die Lichter an. Dann sackte ich in mich zusammen und heulte mehrere Stunden lang ohne Unterbrechung oder zu versuchen mich zu beherrschen.

Dann ging plötzlich direkt vor mir die Sonne auf; und als der erste Strahl mein Herz berührte und dessen Wärme tief in meine Seele drang, war da nichts mehr – außer Frieden, und einem einzigen Satz im Kopf: §1 StGb (Stefans Gesetzbuch) „Mein Recht zu Leben ist unantastbar!" Ich atmete einmal sehr tief ein und genoss es, als würde ich zum aller ersten mal in meinem Leben den Duft des Waldes genießen. Ich streckte mich der Sonne entgegen und mit zum Himmel gerichteten Armen dankte ich Gott für das Geschenk, dieser Erfahrung! Mit einem tiefen Gefühl des Friedens und der Dankbarkeit machte ich mich auf den Rückweg.

Auf einer Bank fand ich die Wissenschaft des

Reichwerdens. Irgend jemand hat dieses Buch vergessen und weil ich schon davon gehört hatte, begann ich darin zu lesen und zu lesen und zu lesen. Ich wollte nicht aufhören und als ich fertig war, ging ich zurück an den Ort, wo sich mein ganzes Leben für Immer verändert hat.

Dort baten mich Touristen eine Foto von ihnen zu machen. Sie waren frisch verliebt und ich kam mit ihnen ins Gespräch. Da ich damals als Love Coach begonnen hatte kam das Gespräch sehr schnell auf dieses Thema und die beiden berichteten mir jedes kleinste Detail, wie sie sich genau dort kennen gelernt haben und ich bot an, als Szene Fotograf eine ganze Serie von diesem unvergesslichen Ort mit den Beiden zu knipsen und wir taten es. Wir tauschten die Adressen aus und die Email und ich wollte die Bilder bearbeiten und die schönsten ausdrucken. Der Mann drückte mir 100€ in die Hand und sagte – die eine Hälfte ist für die Fotos und die andere Hälfte dafür, das du meiner Frau endlich wieder ein Lächeln auf das Gesicht gezaubert hast! Ihre Mutter war nämlich gestorben und Sie trauerte schon sehr lange um Sie.

Mit 100€ und einem Lächeln fing alles an!

Heute am 25. September 2017, an meinem 41. Geburtstag habe ich die aller erste Festanstellung meines ganzen Lebens und verdiene zum aller ersten mal in meinem ganzen Leben 2000€ Netto. Nach über 2,5 Jahren sterbe ich endlich nicht mehr an Einsamkeit!

Ich habe eine wundervolle Partnerin und 2020 wollen wir zusammen in eine gemeinsame Wohnung ziehen. Noch vor dem ersten Gehalt habe ich bereits die erste Rate für das Verkaufsseminar bezahlt und im Dezember diesen Jahres bin ich dabei!

Meine Rest- und Neuverschuldung habe ich im Griff, denn alle kleinen Verbindlichkeiten sind bereits jetzt Geschichte und die großen Brocken, welche noch übrig sind, lassen sich präzise skalieren. Ich habe jetzt weniger Minus auf dem Konto, als vor dem Kündigungsbetrug und von Monat zu Monat wird es in jeder Hinsicht immer besser und besser! Solche extremen Unterschiede kommen natürlich nicht von ungefähr!

Es ist Gott allein, der in meinem Leben wirkt. Wie Hiob wurde ich bis auf das äußerste geprüft und habe bestanden. Dafür erhielt ich die Gebrauchsanweisung, wie alle meine Gebete, Wünsche und Träume Wirklichkeit werden. Sie halten Sie gerade in ihren Händen.

Das hier ist die Gebrauchsanweisung und ich habe dies zu DEINER Gebrauchsanweisung gemacht. Ich habe dieses Buch in die ICH Form umgeschrieben, wodurch es direkt in das Unterbewusstsein vordringt und dort schneller wirkt. Mach das Beste aus Dir! Mache aus deinem Leben ein Meisterwerk! Das ist Ursprung und einziger Zweck dieses Buches nach Wallace D. Wattles. Gott segne euch alle mit all seiner Gnade und denkt immer an meinen aller ersten Lehrsatz als Lovecoach: Liebe ist die einzige

Realität! Alles andere ist reine Illusion. Und jetzt wünsche ich viel Glück und Erfolg mit der Wissenschaft des Reichwerdens!

In Liebe,

dein Stefan Elsässer – Veränderungsprofi nach dem Master Key System

www.stefan-elsaesser.de

Kapitel 1:
Mein Recht auf Reichtum

Um meine Seele entfalten und meine Talente entwickeln zu können, muss ich über viele materielle Dinge verfügen und diese Dinge kann ich nur erhalten, wenn ich genug Geld habe, um sie zu erwerben.

Das Ziel meines Lebens ist die Weiterentwicklung und ich habe ein unveräußerliches Recht auf alle Weiterentwicklung, zu der ich fähig bin.

Der Daseinszweck der Natur ist der Fortschritt und die Höherentwicklung allen Lebens. Ich sollte alles haben, was zur Kraft, zur Eleganz, zur Schönheit und zur Fülle meines Lebens beitragen kann.

Mein Verlangen nach Reichtum ist eigentlich mein Verlangen nach einem reicheren, volleren und erfüllteren Leben, und dies ist Lobenswert. Es gibt kaum einen Menschen, der nicht nach einem erfüllteren Leben verlangt.

Es gibt drei Gründe warum ich lebe. Ich lebe für den Körper, für den Geist und für die Seele.

Weder mein Körper, mein Geist noch meine Seele können völlig lebendig sein, wenn eines der beiden anderen Elemente am vollen Lebensausdruck gehindert wird.

Ich erkenne, das wahres Leben bedeutet, alles, was Ich durch Körper, Geist und Seele hervorbringen kann, vollständigen Ausdruck zu verleihen.

Wo immer es unausgedrückte Möglichkeiten oder nicht ausgeführte Funktionen gibt, da gibt es unbefriedigtes Verlangen. Im Verlangen erkenne ich die Möglichkeit, die sich ausdrücken will, oder die Funktion, die nach Ausführung verlangt.

Ich kann nicht vollständig im Körper leben ohne gutes Essen, bequeme Kleidung und warme Unterkunft, und ohne Freiheit von übermäßiger Anstrengung. Auch Ruhe und Erholung sind für mein physisches Leben notwendig.

Ich kann nicht vollständig im Geist leben ohne Bücher und ohne Zeit, mich in sie zu vertiefen, ohne Gelegenheit zu reisen und zu beobachten, oder ohne geistig anregende Begleitung. Um vollständig im Geist zu leben, brauche ich geistig anregende Freizeitbeschäftigungen, und ich muss mich mit allen Kunstobjekten und schönen Dingen umgeben, die ich zu nutzen und schätzen verstehe.

Um vollständig in der Seele zu leben brauche ich Liebe!!!

Es ist absolut in Ordnung, dass ich danach strebe reich zu sein.

Ich kann Gott und der Menschheit keinen größeren Gefallen tun, als **das Beste aus mir zu machen**.

Kapitel 2:
Was ist die Wissenschaft des Reichwerdens?

Es gibt ganz bestimmte Gesetze, die den Aufbau von Reichtum bestimmen, und wenn ich diese Gesetze erlerne und befolge, dann gehöre ich wie von selbst zu jener besonderen Gruppe von Menschen, die Das Geheimnis leben, und ich werde mit mathematischer Sicherheit reich.

Es gibt nur ein großes Gesetz, und es lautet: „Energie ist."

Alle Natur und Geisteswissenschaften beruhen auf diesem einen großen Gesetz und seinen sieben untergeordneten Gesetzen, die alle miteinander zusammenwirken.

1. **Das Gesetz der immerwährenden Umwandlung**
2. **Das Gesetz der Relativität**
3. **Das Gesetz der Vibration**
4. **Das Gesetz der Polarität**
5. **Das Gesetz des Rhythmus**
6. **Das Gesetz von Ursache und Wirkung**
7. **Das Gesetz der Entwicklung**

Die beste Definition für ein Naturgesetz ist wahrscheinlich die folgende:

„Es ist die gleichförmige und systematische Vor-

gehensweise des allmächtigen Gottes."
Die Fähigkeit zu wählen befreit uns nicht von den Auswirkungen unserer Entscheidungen.

Ich kann in Übereinstimmung mit diesen Gesetzen handeln, oder ich kann sie missachten, aber ich kann sie in keiner Weise verändern.

Wenn ich mir den Film The Secret – Das Geheimnis ansehe, wird mir klar, dass das Gesetz der Anziehung mir das was ich nicht will, ebenso schnell und sicher bringen wird wie das, was ich mir wünsche.

Es ist ein Naturgesetz, dass gleiche Ursachen stets gleiche Wirkungen hervorrufen. Daher werde ich unausweichlich reich, wenn ich lerne, mich auf diese bestimmte Art und Weise zu verhalten.

Wenn das Reichwerden also darauf beruht, mich auf eine bestimmte Art und Weise zu verhalten, dann können auch alle anderen Männer und Frauen, die sich auf diese Art und Weise verhalten, reich werden; und wenn gleiche Ursachen stets gleiche Auswirkungen haben, so kann ich dies als eine exakte Wissenschaft beschreiben.

Es ist richtig, dass ich mit einer Tätigkeit, die mir zusagt, am erfolgreichsten sein werde, und wenn ich gut entwickelte Talente habe, werde ich dort am erfolgreichsten sein, wo ich diese Talente einsetzen kann.

Ich werde auch in einem Geschäft am erfolgreichsten sein, das meiner Gegend entspricht.

Ich werde nicht durch Mangel an Kapital am Reichwerden gehindert.

Ganz gleich, wie arm ich auch sein mag, wenn ich beginne, mich auf diese bestimmte Art und Weise zu verhalten, werde ich zu Kapital kommen. Kapital aufzubauen gehört zum Reichwerden dazu, und ist ein Teil des Ergebnisses, das sich jedes Mal einstellt, wenn ich mich auf die bestimmte Art und Weise verhalte.

Da gleiche Ursachen stets gleiche Wirkungen hervorrufen, werde ich reich, sogar wenn ich keine Freunde habe und auch nicht über Einfluss oder andere Möglichkeiten verfüge. Wenn ich über kein Kapital verfüge, kann ich Kapital erhalten; wenn ich im falschen Geschäft bin, so kann ich in das richtige wechseln; wenn ich am falschen Ort bin, so kann ich mich an den richtigen begeben. Ich kann dies tun, indem ich in meinem jetzigen Tätigkeitsfeld und an meinem jetzigen Ort beginne, mich auf diese bestimmte Art und Weise verhalte, die den Erfolg hervorbringt.

Ich denke es … Ich fühle es … ich tue es … und ich werde es anziehen. Das ist „Das Große Geheimnis des Lebens".

Kapitel 3:
Besteht ein Monopol auf Gelegenheiten?

Zu unterschiedlichen Zeiten liegen meine Chancen in unterschiedlichen Bereichen, in Abhängigkeit von den Bedürfnissen des Ganzen und vom erreichten Niveau meiner sozialen Entwicklung.

Es gibt eine Fülle an Gelegenheiten für mich, wenn ich mich dem Fluss des Lebens anvertraue, anstatt zu versuchen gegen ihn zu rudern.

Das Gesetz des Reichtums ist stets dasselbe, für Arbeitnehmer, wie für jede andere Gruppe.

Dieses Buch erzeugt in mir das Bewusstsein für „Das Große Geheimnis des Lebens".

Es gibt mehr als genug für alle.

Der sichtbare Vorrat ist praktisch unerschöpflich und der unsichtbare Vorrat ist tatsächlich unerschöpflich.

Es gibt keine Beschränkung für den Vorrat an formloser Substanz oder Ursubstanz.

Der Raum in und zwischen den Erscheinungsformen des sichtbaren Universums wird von der Ursubstanz durchdrungen und erfüllt – von dieser formlosen Substanz, dem Rohmaterial aller Dinge.

Die Natur verfügt über einen unerschöpflichen Vorrat an Reichtümern; dieser Vorrat wird nie zur Neige gehen. Die Ursubstanz ist lebendig, voller schöpferischer Energie, und erschafft ständig neue Formen.

Die formlose Substanz reagiert auf meine Bedürfnisse und wird mich stets mit allem guten versorgen. Dies gilt auch für die Menschheit als Ganzes. Die menschliche Rasse in ihrer Gesamtheit ist unermesslich reich.

Die formlose Substanz ist intelligent, sie ist denkende Materie. Sie ist lebendig und ständig bestrebt, meinem Leben mehr Ausdruck zu verschaffen.

Es liegt in der Natur der Intelligenz, sich stets höher zu entwickeln, und mein Bewusstsein strebt danach, seine Grenzen zu erweitern und mir immer größeren Ausdruck zu verschaffen.

Die Natur wurde zur Weiterentwicklung des Lebens erschaffen, ihr Daseinszweck ist die Ausweitung des Lebens. Aus diesem Grund wird alles, was mein Leben unterstützen kann, in reicher Fülle zur Verfügung gestellt.

„Das Große Geheimnis des Lebens" steht allen zur Verfügung, auch mir.

Kapitel 4
Das erste Prinzip der Wissenschaft des Reichwerdens

Die Ursubstanz bewegt sich entsprechend meiner Gedanken.

Jeder Gedanke an eine Form, der in der denkenden Substanz festgehalten wird, bewirkt die Erschaffung dieser Form.

Wenn mein Gedanke an ein ganz bestimmtes Haus der formlosen Substanz aufgeprägt wird, so bewirkt dies nicht die augenblickliche Erschaffung dieses Hauses. Es wird allerdings die schöpferischen Energien, die bereits in Handwerk und Handel wirken, in solche Bahnen lenken, dass mein Haus zügig gebaut werden kann. Wenn es noch keine Bahnen gibt, in welchen sich die schöpferische Energie ausdrücken kann, so wird mein Haus direkt aus der Ursubstanz erschaffen – ohne auf die langsamen Vorgänge in der belebten und unbelebten Welt zu warten.

Ich bin eine Denkzentrale und besitze die Fähigkeit, Gedanken hervorzubringen. Alle Formen, die ich mit meinen Händen gestalte, müssen zunächst einem Gedanken von mir entspringen. Ich kann nichts erschaffen, ohne es zuvor erdacht zu haben.

Erstens stelle ich fest, das es eine ursprüngliche formlose Substanz gibt, aus der alle Dinge erschaffen wurden. All die scheinbar vielen Elemente sind nur unterschiedliche Erscheinungsformen eines einzigen Elements. Auch all die vielen Formen in der belebten und unbelebten Natur sind nur unterschiedliche Ausprägungen dieses einen Elements. Dieser Stoff ist ein denkender Stoff; ein ihm aufgeprägter Gedanke bewirkt die materielle Ausformung dieses Gedankens. Ein Gedanke in der denkenden Substanz erzeugt eine materielle Form. Ich bin eine Denkzentrale, die Urgedanken schöpfen kann. Wenn ich meine Gedanken der denkenden Ursubstanz übermitteln kann, dann bin ich folglich fähig, die Schöpfung oder Erschaffung des Erdachten zu bewirken.

Ich fasse also zusammen:

- **Es gibt einen denkenden Stoff, aus dem alle Dinge erschaffen wurden, und der in seinem Urzustand die Zwischenräume des Universums durchströmt, durchdringt und ausfüllt.**
- **Ein Gedanke in dieser Substanz erschafft das, was durch den Gedanken Bildgestalt erhält.**
- **Ich kann Dinge in meinen Gedanken formen, und indem ich meine Gedanken der formlosen Substanz aufpräge, kann ich das erdachte entstehen lasse.**

Wenn ich nun von dieser denkenden Substanz ausgehe, komme ich durch weiteres logisches Nachdenken zu der Macht eines jeden Menschen, das

Entstehen des Gedachten zu bewirken.

Eine Theorie erweist sich solange als richtig, bis der Prozess versagt, und dieser Prozess wird nicht versagen, weil ich diese Anweisungen exakt befolge, und somit zu Reichtum gelange.

Um mich auf eine wünschenswerte Art und Weise zu verhalten, muss ich mir die Fähigkeit aneignen, so zu denken, wie ich denken will. Das ist der erste Schritt zum Reichtum.

Es ist harte Arbeit, unabhängig von den Umständen nur die Wahrheit zu denken, und sie verlangt nach mehr Energieeinsatz, als jede andere Arbeit.

Es braucht Kraft, um an Gesundheit zu denken, wenn ich von Erscheinungsbildern von Krankheit umgeben bin, oder an Reichtum zu denken, wenn ich mich inmitten von Erscheinungsbildern der Armut befinde. Wenn ich mir aber diese Kraft aneigne, dann beherrsche ich meine Gedanken. Ich kann das Schicksal bezwingen; ich kann haben, was ich haben will.

Diese Kraft kann ich mir nur aneignen, wenn ich die grundlegende Tatsache akzeptiere, die hinter allen Erscheinungsformen steht:

Es existiert eine denkende Substanz, aus welcher und von welcher alle Dinge erschaffen werden.

Dann muss ich die Wahrheit begreifen, das jeder Gedanke, der in dieser Substanz festgehalten wird, zu einer Form wird, und dass ich ihr Gedanken aufprägen kann, damit diese eine Form annehmen und sichtbare Dinge werden können.

Wenn mir das bewusst wird, verliere ich alle Zweifel und Ängste, weil ich weiß, dass ich alles erschaffen kann, was ich erschaffen will.
Nochmal:

- **Es gibt einen denkenden Stoff, aus dem alle Dinge erschaffen wurden, und der in seinem Urzustand die Zwischenräume des Universums durchströmt, durchdringt und ausfüllt.**
- **Ein Gedanke in dieser Substanz erschafft das, was durch den Gedanken Bildgestalt erhält.**
- **Ich kann Dinge in meinen Gedanken formen, und indem ich meine Gedanken der formlosen Substanz aufpräge, kann ich das Erdachte entstehen lassen.**

Ich lese dieses Credo immer wieder. Ich verankere jedes Wort in meinem Gedächtnis, und ich denke darüber nach, bis ich fest an die Aussagen glaube.
Ich hinterfrage diese Dinge nicht und ich spekuliere auch nicht, wie das alles vor sich geht. Ich beherzige diese Ideen einfach voller Vertrauen.

Kapitel 5
Die Höherentwicklung des Lebens

Gott liebt mich und will, dass ich ein Leben der Fülle lebe.

Ich bin ständig bestrebt, mein Leben auszuweiten, denn das Leben selbst muss sich weiterentwickeln, einfach nur deshalb, weil es lebt.

Das Leben vervielfältigt sich einfach dadurch, dass es lebt. Es weitet sich ewig aus; dies muss so sein, damit es weiterexistieren kann.

Jeder Gedanke, den ich denke, bringt mich dazu, einen weiterführenden Gedanken zu denken. Mein Bewusstsein erweitert sich ständig. Jede Tatsache die ich lerne, führt mich zur Erkenntnis einer weiteren Tatsache. Mein Wissen wächst ständig an.

Jedes Talent, das ich entwickle, erzeugt in meinem Geist das Verlangen, ein weiteres Talent zu fördern.

Ich muss über Dinge verfügen, denn ich kann nur mehr lernen, tun und sein, wenn ich Dinge gebrauche. Ich muss reich werden, damit ich mehr leben kann.

Die Kraft, die mich dazu anspornt, mehr Geld haben zu wollen, ist die selbe Kraft, die eine Pflanze wachsen lässt. Es ist das Leben, das nach vollständigerem Ausdruck strebt.

Es ist der Wunsch Gottes, dass ich reich werden soll. Er will das ich reich werde, weil er sich besser durch mich ausdrücken kann, wenn ich über eine große

Anzahl von Dingen verfüge, durch deren Gebrauch ich Ihm Ausdruck verschaffe. Er kann mehr in mir Leben, wenn ich unbegrenzt über die Mittel des Lebens verfüge.

Ich muss das wirkliche Leben ersehnen und nicht nur einfaches Vergnügen oder die Befriedigung der Sinne. Leben bedeutet die Ausführung von Funktionen, und ich bin nur dann wirklich lebendig, wenn ich, ohne zu übertreiben, jede Funktion ausführe, zu der ich fähig bin, und zwar körperlich, geistig und spirituell.

Die Ausführung jeder körperlichen Funktion ist jedoch ein Teil des Lebens, und ich lebe nicht vollständig, wenn ich den körperlichen Impulsen einen normalen und gesunden Ausdruck verweigere.

Ich sollte reich werden wollen, um zur rechten Zeit essen, trinken und mich vergnügen zu können. Ich sollte reich werden wollen, um mich mit schönen Dingen umgeben zu können, ferne Länder zu sehen, meinen Geist zu fördern und meinen Intellekt zu entwickeln. Ich strebe nach Reichtum, um die Menschen zu lieben, ihnen Gutes zu tun und um einen wichtigen Beitrag dafür zu leisten, dass die Welt zur Wahrheit findet.

Es ist Gottes Wille, dass ich das Bestmögliche aus mir mache – für mich selbst und für andere; und indem ich das Bestmögliche aus mir mache, kann ich anderen besser helfen, als auf jede andere Weise.

Die intelligente Substanz wird für mich Dinge erschaffen, aber sie wird niemandem etwas wegnehmen, um es mir zu geben.

Ich muss mich daher vom Konkurrenzdenken befreien. Ich soll schöpferisch wirken, und nicht in Wettstreit treten um das, was bereits erschaffen wurde.

Ich brauche niemandem irgendetwas wegzunehmen und niemanden zu übervorteilen, und ich brauche niemanden zu betrügen oder auszunutzen. Ich sollte keinem meiner Beschäftigten weniger geben, als er verdient.

Ich soll ein Schöpfer werden und kein Konkurrent. Ich werde zu einem Schöpfer, indem ich die höheren Fähigkeiten einsetze, mit denen Ich geboren wurde: Wahrnehmung, Verstand, Wille, Vorstellungskraft und Intuition.

Ich werde erhalten was ich mir wünsche, aber auf ganz bestimmte Weise: Wenn ich es erhalte, wird auch jeder andere Mensch mehr haben als zuvor.

Wenn ich auf wissenschaftliche und sichere Weise reich werden will, so muss ich über das Konkurrenzdenken völlig hinauswachsen.

Ich vergegenwärtige mir, das ich das Geld, das ich benötige, auch erhalten werde – sogar wenn es dafür notwendig sein sollte, dass morgen tausend Menschen neue Goldminen entdecken.

Ich lebe stets nach dieser absoluten Wahrheit:

- **Es gibt einen denkenden Stoff, aus dem alle Dinge erschaffen wurden, und der in seinem Urzustand die Zwischenräume des**

Universums durchströmt, durchdringt und ausfüllt.

- **Ein Gedanke in dieser Substanz erschafft das, was durch den Gedanken Bildgestalt erhält.**
- **Ich kann Dinge in meinen Gedanken formen, und indem ich meine Gedanken der formlosen Substanz aufpräge, kann ich das Erdachte entstehen lassen.**

Es gibt nur ein großes Gesetz, und es lautet: **„Energie ist."**
Alle Natur und Geisteswissenschaften beruhen auf diesem einen großen Gesetz und seinen sieben untergeordneten Gesetzen, die alle miteinander zusammenwirken.

- **Das Gesetz der immerwährenden Umwandlung**
- **Das Gesetz der Relativität**
- **Das Gesetz der Vibration**
- **Das Gesetz der Polarität**
- **Das Gesetz des Rhythmus**
- **Das Gesetz von Ursache und Wirkung**
- **Das Gesetz der Entwicklung**

Die beste Definition für ein Naturgesetz ist wahrscheinlich die folgende:

„Es ist die gleichförmige und systematische Vorgehensweise des allmächtigen Gottes."

Kapitel 6
Wie der Reichtum zu mir gelangt

Ich soll nicht versuchen, etwas ohne Gegenleistung zu erhalten. Ich kann jedem Menschen mehr geben, als ich von ihm nehme.

Ich kann einer Person nicht mehr Geld geben, als ich von ihr entgegennehme, aber ich kann ihr mehr Nutzen bringen, als mein Produkt oder meine Dienstleistung kostet.

Wenn ich bemerke, das ich im Begriff bin, einer Person etwas zu verkaufen, dessen zusätzlicher Nutzen für sein Leben nicht größer ist als der Gegenwert, den ich von ihm dafür erhalte, so kann ich es mir leisten, diesen Verkauf sein zu lassen.

Ich gebe anderen mehr an Nutzwert als ich von ihnen an Geldwert entgegennehme, denn damit füge ich dem Leben auf der Welt mit jedem Verkauf etwas Positives hinzu.

Wenn ich zum Beispiel eine Nähmaschine will, so möchte ich vorschlagen, das ich zuerst sicherstelle, dass ich das Bild der Maschine in meinem Geist deutlich vor mir sehe. Dann kann ich den Gedanken an eine Nähmaschine der denkenden Substanz aufprägen. Wenn ich also eine Nähmaschine will, dann halte ich an derem geistigen Bild mit der absoluten Sicherheit fest, dass sie gerade hergestellt wird oder auf dem Weg zu mir ist. Wenn ich den Gedanken erschaffen habe, muss ich absolut und unbeirrbar daran glauben, dass die Nähmaschine zu mir kommt. Kein Gedanke und kein Wort darf mein Vertrauen erschüttern, dass sie auf dem Weg zu mir ist. Ich fühle mich bereits als ihr Besitzer.

Ich denke stets daran, das die denkende Substanz in allem ist, mit allem kommuniziert und alles beeinflussen kann.

Ich kann alles haben, was ich will, solange ich es für den Fortschritt meines eigenen Lebens und das Leben anderer einsetze.

„Es macht eurem Vater große Freude, euch das Reich Gottes zu schenken."

Mein Glaube wird unbezwingbar, wenn ich in meinem Bewusstsein die Tatsache verankere, dass das Verlangen nach Reichtum, das ich in mir spüre, eins ist mit dem Verlangen der höchsten Macht nach vollständigerem Ausdruck.

Gott, die Eine Substanz, ist bestrebt, durch die Menschheit Dinge zu tun, zu erleben und sich daran zu erfreuen. Er sagt: „Ich will Hände, um Wunderbares zu erschaffen, um göttliche Harmonien erklingen zu lassen und um herrliche Bilder zu malen. Ich will Füße, um meine Wege zu gehen, Augen, um alles Schöne zu sehen, Zungen, um große Wahrheiten zu verkünden und um wunderbare Lieder zu singen."

Er will dies alles, weil er es schätzt und sich daran erfreut. Es ist Gott, der spielen und singen will, der sich an Schönheit erfreuen und die Wahrheit verkünden will, der feine Kleidung tragen und Köstliches essen will.

„Gott selbst bewirkt in mir nicht nur das Wollen, sondern auch das Vollbringen."

Ich scheue mich nicht, um Großes zu bitten. Es ist meine Aufgabe, die Wünsche Gottes in strukturierter und wohldurchdachter Form auszudrücken.

In diesem Sinne – noch einmal:

Es gibt nur ein großes Gesetz, und es lautet:
„Energie ist."
Alle Natur und Geisteswissenschaften beruhen auf diesem einen großen Gesetz und seinen sieben untergeordneten Gesetzen, die alle miteinander zusammenwirken.

- **Das Gesetz der immerwährenden Umwandlung**
- **Das Gesetz der Relativität**
- **Das Gesetz der Vibration**
- **Das Gesetz der Polarität**
- **Das Gesetz des Rhythmus**
- **Das Gesetz von Ursache und Wirkung**
- **Das Gesetz der Entwicklung**

Die beste Definition für ein Naturgesetz ist wahrscheinlich die folgende:
„Es ist die gleichförmige und systematische Vorgehensweise des allmächtigen Gottes."

Kapitel 7
Dankbarkeit

Die Beispiele im Vorangegangenen Kapitel haben deutlich gemacht, dass der erste Schritt zum Reichwerden darin besteht, die Vorstellung meiner Wünsche der formlosen Substanz zu übermitteln.

Wenn ich den Anweisungen folge, die ich hier erhalten werde, so erlange ich eine vollkommene Einheit im Geiste mit Gott.

Zunächst ist der Glaube wichtig, dass es eine intelligente Substanz gibt, die alle Dinge hervorbringt. Zweitens muss ich daran glauben, das diese Substanz mir alles gibt, was ich mir wünsche, und drittens kann ich mich mit ihr durch ein Gefühl von tief empfundener Dankbarkeit verbinden.

Es ist leicht zu verstehen, dass ich umso reicher werde, je näher ich an der Quelle des Reichtums lebe. Es ist ebenso leicht zu verstehen, dass eine dauerhaft dankbare Seele in größerer Nähe zu Gott lebt, als eine Seele, die niemals in dankbarer Anerkennung zu ihm aufblickt.

Wenn Gutes zu mir kommt, so werde ich umso mehr gutes erhalten, je dankbarer ich meinen Geist auf die höchste Macht ausrichte – und um so schneller wird das Gute zu mir strömen.

Es gibt ein Gesetz der Dankbarkeit, und um die gewünschten Ergebnisse zu erhalten, ist es absolut notwendig, dass ich dieses Gesetz befolge. Das Gesetz der Dankbarkeit ist das natürliche Prinzip, dass Aktion und Reaktion immer gleichwertig sind und in entgegengesetzte Richtung wirken. Wenn ich meinen Geist in dankbarer Anerkennung mit der höchsten Macht verbinde, so wird dadurch Energie freigesetzt; diese Energie wird ohne Umwege ihr Ziel erreichen. Die Antwort Gottes besteht darin, dass er sich augenblicklich auf mich zubewegt.

„Nähert euch Gott, und er wird sich euch nähern."

Die Dankbarkeit hält mich mit der Energie verbunden.

Wenn ich es meinem Geist erlaube, mich mit dem Niedrigen zu beschäftigen, so erniedrige ich mich selbst und umgebe mich mit niedrigen Dingen. Wenn ich meine Aufmerksamkeit andererseits auf das Beste richte, dann umgebe ich mich mit dem Besten und ich werde das Beste aus mir machen.

Der dankbare Geist ist immer auf das Beste fixiert. Daher ist er bestrebt, zum Besten zu werden, er nimmt die Form oder den Charakter der Besten an und ich werde das Beste erhalten.

Als Reaktion auf die Dankbarkeit entsteht in meinem Geist der Glaube. Jede ausgestrahlte Schwingung tief empfundener Dankbarkeit steigert meinen Glauben.

Deshalb ist es notwendig, dass ich es mir zur Gewohnheit mache, für alles Gute dankbar zu sein – und zwar ständig; und da ausnahmslos alles zu meiner Weiterentwicklung beigetragen hat, sollte ich auch für alles dankbar sein.

Kapitel 8
Denken auf die bestimmte Art und Weise

Ich muss ein klares und festumrissenes geistiges Bild des Ersehnten ausformen.

Ich muss es in mir tragen, bevor ich es weitergeben kann.

Wenn ich versuche, meine Wünsche der denkenden Substanz aufzuprägen, so bedenke ich also, dass dies durch eine in sich stimmige Aussage geschehen muss. Ich muss wissen was ich will, und ich muss mich genau festlegen.

Ich stelle mir das Gewünschte vor und forme mir davon ein klares geistiges Bild, genau so wie es sein soll, wenn ich es erhalte.

So wie ein Seemann seinen Zielhafen stets vor seinem geistigen Auge hat, so muss auch ich ein klares Vorstellungsbild beständig in meinem Geist festhalten. Ich muss mich ihm die ganze Zeit zuwenden, und ich darf es ebenso wenig aus dem Blick verlieren, wie der Steuermann den Kompass aus dem Blick verliert.

Es reicht völlig aus, zu wissen, was ich will, und es so sehr zu wollen, dass es zum festen Bestandteil meines Denkens wird.

Ich beschäftige mich in meiner Freizeit so viel wie möglich mit meinem Bild.

Je klarer und festumrissener ich mein Bild gestalte,

und je mehr ich daran festhalte, umso stärker wird auch mein Verlangen; und je stärker mein Verlangen ist, umso leichter wird es mir fallen, mich beständig auf das Gewünschte zu konzentrieren.

Hinter meiner Vision muss die klare Absicht stehen, sie auch in die Tat umzusetzen und ihr materiellen Ausdruck zu verleihen; und hinter dieser Absicht muss der unbezwingbare und unerschütterliche Glaube stehen, dass das Gewünschte bereits mir gehört – dass es für mich bereit steht und ich es nur in Besitz zu nehmen brauche.

Ich genieße in meiner Vorstellungswelt sofort und in vollem Umfang alles, was ich mir wünsche.

„Wenn ihr glaubt, werdet ihr alles bekommen, worum ihr im Gebet bittet."

Ich stelle mir das gewünschte so intensiv vor, als ob ich tatsächlich ständig davon umgeben wäre; ich sehe mich selbst, wie ich es besitze und benutze. Ich gebrauche es in meiner Vorstellung genau so, wie ich es tun werde, wenn es in meinem materiellen Besitz sein wird. Ich beschäftige mich mit meinem geistigen Bild, bis ich es klar und eindeutig ausgeformt habe. Dann mache ich mir die Geisteshaltung zu eigen, dass alles in diesem Bild bereits mir gehört. Ich nehme in meinem Geist alles in Besitz, in dem festen Glauben, dass es tatsächlich mein Eigentum ist. Ich halte an diesem geistigen Besitztum fest, und ich wanke auch nicht einen Augenblick lang im Glauben an seine Echtheit.

Wenn ich ernsthaft Gott für alles danken kann, was

ich nur in meiner Vorstellung besitze, dann habe ich den wahren Glauben. Ich werde reich, denn ich werde die Schöpfung von allem Gewünschten bewirken. Denn: „Euer Vater weiß genau, was ihr braucht, noch bevor ihr ihn darum bittet!"

Meine Aufgabe besteht darin, meine Wünsche nach den Dingen, die zur größeren Entfaltung meines Lebens führen, klug zu formulieren, und diese Wünsche als ein in sich stimmiges Ganzes zusammenzufügen. Dann muss ich diesen Gesamtwunsch der formlosen Substanz aufprägen; diese hat die Macht und den Willen, mir das Ersehnte zu bringen.

Dieses Aufprägen geschieht, indem ich mit unerschütterlicher Entschlossenheit an meiner Vision festhalte – und mit dem festen Glauben, das sie sich verwirklichen wird. Die Antwort auf meine Gebete erfolgt nicht aufgrund meines Glaubens in meinen Worten, sondern aufgrund meines Glaubens in meinen Taten.

„Wenn ihr glaubt, werdet ihr alles bekommen."

Ist meine Vision erst einmal klar definiert, dreht sich alles nur noch um das Empfangen.

Von nun an lasse ich das Gewünschte in meiner Vorstellung bereits Realität werden.

Ich betrachte alle gewünschten Dinge in meinen Gedanken und Worten, als wären diese bereits jetzt in meinem Besitz. Ich visualisiere ganz genau die Umgebung und die finanziellen Bedingungen, die ich mir wünsche und ich lebe ständig in dieser Vorstellung.

Kapitel 9
Der Gebrauch der Willenskraft

Um auf wissenschaftlichem Weg reich zu werden, brauche ich meine Willenskraft auf nichts anderes als auf mich selbst zu richten.

Ich brauche Gott ebenso wenig aufzufordern, mir gutes zu tun, wie ich Willenskraft aufbieten muss, damit die Sonne aufgeht.

Die denkende Substanz ist mir freundlich gesonnen und will mir das Ersehnte schneller bringen, als ich es überhaupt annehmen kann. Um reich zu werden, brauche ich meine Willenskraft nur auf mich selbst zu richten.

Wenn ich weiß, was ich zu denken und zu tun habe, sollte ich meinen Willen gebrauchen, um mich selbst dazu zu bringen, auch das richtige zu denken und zu tun. Das ist der legitime Gebrauch meines Willens, um das Gewünschte zu erhalten: Ihn einzusetzen, um selbst stets auf dem richtigen Kurs zu bleiben. Ich gebrauche meinen Willen, damit ich jederzeit auf die bestimmte Art und Weise denke und handele.

Ich benutze meinen Geist, um ein mentales Abbild des Gewünschten zu formen und um an dieser Vision mit Glaube und Entschlossenheit festzuhalten. Ich gebrauche meine Willenskraft, um meinen Geist dazu anzuhalten, auf die richtige Weise zu arbeiten.

Je beständiger und dauerhafter mein Glaube und

meine Entschlossenheit sind, desto schneller werde ich reich, weil ich dann der formlosen Substanz nur Positives aufprägen werde, ohne es durch negatives Denken gleich wieder zu neutralisieren oder aufzuheben.

Überall wird das Denken der Menschen beeinflusst, damit sie tun, was zur Erfüllung meiner Wünsche notwendig ist.

„Alle Verheißungen sind für die, die glauben, und nur für diese."

Da der Glaube von solch überragender Wichtigkeit ist, sollte ich meine Gedanken unbedingt unter Kontrolle halten. Mein Glaube wird ganz überwiegend durch die Dinge, die ich wahrnehme und über die ich nachdenke, ausgeformt. Deshalb ist es wichtig, das ich meine Aufmerksamkeit ganz gezielt ausrichte. Hierfür benötige ich den Willen, denn durch den Gebrauch meines Willens bestimme ich, worauf ich meine Aufmerksamkeit lenke.

Ich lasse die Armut und alles, was damit zusammenhängt, weit hinter mir und werde reich!

Ich kann nicht das zum Reichwerden notwendige mentale Bild aufrechterhalten, wenn ich gleichzeitig meinen Geist mit Bildern von Armut und Elend anfülle.

Die Armut kann nur beseitigt werden, wenn ich keine Bilder der Armut mehr in meinem Geist zulasse, und wenn Bilder des Reichtums in den Geist der Armen gelangen.

Die Armen brauchen keine Almosen, sondern sie

brauchen Inspiration.

Inspiration wird sie dazu bringen, sich aus ihrem Elend zu erheben. Wenn ich den Armen helfen will, zeige ich ihnen, wie sie reich werden können und ich beweise es, indem ich selbst zuerst reich werde.

Ich werde reich! Dies ist die beste Art und Weise, wie ich den Armen helfen kann.

Ich muss lernen auf dem schöpferischen Weg reich zu werden, und nicht durch Konkurrenzdenken.

Wenn ich auf schöpferische Weise reich werde, ebne ich einen Weg, auf dem mir Tausende folgen können, und ich inspiriere sie, es auch wirklich zu tun.

Ich gebrauche meine Willenskraft, um meinen Geist vom Thema der Armut fernzuhalten, und um ihn mit Glaube und Entschlossenheit auf die Vision meiner Wünsche zu fixieren.

Kapitel 10
Vom weiteren Gebrauch der Willenskraft

„Lass die Toten ihre Toten begraben."
Ich lasse die Armut und alles, was damit zu tun hat, vollständig hinter mir.
Ich habe eine bestimmte Theorie des Universums als richtig akzeptiert und setze nun all meine Hoffnung darauf, dass dies zutrifft.
Die Welt geht nicht zum Teufel, sondern sie geht zu Gott. Sie ist in einer wunderbaren Aufwärtsentwicklung begriffen.
Ich sollte mich nur dafür interessieren, dass die Welt immer reicher wird.
Ich denke an den Reichtum, der die Welt immer mehr erfüllt, anstatt an die Armut, aus der die Welt herauswächst. Ich mache mir weiterhin klar, dass die einzige Weise, wie ich die Welt dabei unterstützen kann, reich zu werden, darin besteht, dass ich selbst auf die schöpferische Art und Weise reich werde – und nicht durch die Konkurrenzmethode.
Ich widme dem Reichtum meine uneingeschränkte Aufmerksamkeit und ich ignoriere die Armut.
Wenn ich sage, dass ich all meine Zeit, Aufmerksamkeit und Gedanken dem Reichtum widmen soll, so folgt daraus nicht, dass ich mich schäbig und gemein verhalten soll. Richtig reich zu werden ist das vornehmste Ziel, das ich im Leben verfolgen kann,

denn es schließt alles andere ein.

Ich kann erst dann wirkliche menschliche Größe erlangen und meine Seele entfalten, wenn ich reich bin und über viele Dinge verfügen kann. Wenn ich gesundheitliche Probleme habe, so werde ich sehen, das meine Gesundung davon abhängt, dass ich reich werde. Nur wenn ich mich von finanzieller Sorge freigemacht habe und über genügend Mittel für eine sorgenfreie Existenz verfüge, kann ich wahrhaft gesund sein und bleiben.

Ich wiederhole: Ich kann mir kein größeres oder edleres Ziel stecken, als reich zu werden. Ich muss meine Aufmerksamkeit auf mein mentales Bild des Reichtums fixieren – und alles ausschließen, was meine Vision verdüstern könnte.

Ich lerne, die grundlegende Wahrheit in allen Dingen zu sehen. Ich übe mich darin, hinter allen scheinbar unhaltbaren Zuständen das eine große Leben zu erkennen, das sich stets hinzu vollständigerem Ausdruck und umfassenderem Glück bewegt. In Wahrheit kann es so etwas wie Armut gar nicht geben. Es gibt nur Reichtum.

Ein Gramm der Tat wiegt mehr als ein ganzes Pfund der Theorie.

Das Beste, was ich für die ganze Welt tun kann, ist das Beste aus mir selbst zu machen. Ich kann Gott und meinen Mitmenschen auf keine wirksamere Weise dienen, als indem ich reich werde; das bedeutet, wenn ich auf die schöpferische Art und Weise und nicht durch die Konkurrenzmethode reich werde.

Ich lese in diesem Buch jeden Tag und ich behalte es in meiner Nähe. Ich lerne es auswendig.

Ich beschäftige mich nur mit den optimistischsten Kommentaren über die Weltnachrichten, also mit solchen, die mit meiner Sichtweise in Harmonie sind.

Ich löse alle meine Probleme selbst, indem ich reich werde.

Dieses und die vorangegangenen Kapitel haben mich zu den folgenden grundlegenden Aussagen geführt:

- Es gibt einen denkenden Stoff, aus dem alle Dinge erschaffen wurden, und der in seinem Urzustand die Zwischenräume des Universums durchströmt, durchdringt und ausfüllt.
- Ein Gedanke in dieser Substanz erschafft das, was durch den Gedanken Bildgestalt erhält.
- Ich kann Dinge in meinen Gedanken formen, und indem ich meine Gedanken der formlosen Substanz aufpräge, kann ich das Erdachte entstehen lassen.
- Hierfür muss ich das Konkurrenzdenken ablegen und mir das schöpferische Denken aneignen. Ich forme ein klares geistiges Bild von dem, was ich mir wünsche, und ich halte an diesem Bild in meinen Gedanken fest, mit der festen Entschlossenheit, das Gewünschte zu erhalten, und dem unerschütterlichen

Glauben, dass ich es erhalten werde – indem ich meinen Geist gegen alles verschließe, was meine Entschlossenheit erschüttern, meine Vision verdüstern oder meinen Glauben ersticken könnte.

Es gibt nur ein großes Gesetz, und es lautet: **„Energie ist.“**
Alle Natur und Geisteswissenschaften beruhen auf diesem einen großen Gesetz und seinen sieben untergeordneten Gesetzen, die alle miteinander zusammenwirken.

- **Das Gesetz der immerwährenden Umwandlung**
- **Das Gesetz der Relativität**
- **Das Gesetz der Vibration**
- **Das Gesetz der Polarität**
- **Das Gesetz des Rhythmus**
- **Das Gesetz von Ursache und Wirkung**
- **Das Gesetz der Entwicklung**

Die beste Definition für ein Naturgesetz ist wahrscheinlich die folgende:
„Es ist die gleichförmige und systematische Vorgehensweise des allmächtigen Gottes.“

Kapitel 11
Handeln auf die bestimmte Art und Weise

Auf die bestimmte Art und Weise zu denken wird mir Reichtümer bringen, aber ich darf mich nicht nur auf das Denken allein verlassen, ohne auf mein persönliches Handeln zu achten.

Ich muss sowohl denken, als auch handeln.

Meine Gedanken lassen alle belebten und unbelebten Dinge darauf hinarbeiten, dass ich das Gewünschte erhalte. Mein persönliches Handeln muss allerdings so ausgerichtet sein, dass ich das Gewünschte rechtmäßig in Besitz nehmen kann, wenn es zu mir kommt.

Ich muss jeder Person mehr Nutzwert bieten, als sie mir an Geldwert gibt.

Der wissenschaftliche Gebrauch meines Denkens besteht darin, ein klares und eindeutiges Bild des Gewünschten zu formen, an meiner Entschlossenheit festzuhalten, es zu erreichen, und in dankbarem Glauben anzuerkennen, dass ich das Gewünschte auch tatsächlich erhalte.

Ich muss meinen Glauben und meine Entschlossenheit nutzen, um meine Vision der formlosen Substanz nachhaltig aufzuprägen, denn diese hat dasselbe Verlangen nach mehr Leben wich Ich. Die Vision, die ich ihr übertragen habe, setzt alle schöpferischen Kräfte in Bewegung. Diese wirken daraufhin entsprechend ihrer normalen Bewegungsabläufe, doch stets in meine Richtung.

Es ist nicht meine Aufgabe, diesen schöpferischen Prozess zu steuern oder zu überwachen. Alles was ich zu tun brauche, ist an meiner Vision festzuhalten und meinen Glauben und meine Dankbarkeit lebendig zu bewahren.

Ich muss allerdings auf die ganz bestimmte Art und Weise handeln, damit ich das mir Zustehende auch in Besitz nehmen kann, wenn es mich erreicht – damit ich die Dinge aus meinem Bild auch annehmen und richtig damit umgehen kann.

Ich kann nur erhalten, was mir zusteht, wenn ich der anderen Person gebe, was ihr zusteht.

Das Empfangen ist der entscheidende Punkt in der Wissenschaft des Reichwerdens – genau hier, wo Denken und persönliches Handeln zusammenkommen müssen.

Durch mein Denken lenke ich das Gewünschte in meine Richtung, und durch mein Handeln nehme ich es schließlich in Empfang. Wie mein Handeln im Einzelnen auch aussagen mag, es ist offensichtlich, dass ich hier und jetzt handeln muss.

Ich glaube an meine Fähigkeit, mit jedem Notfall fertig zu werden, wenn er denn eintritt.

Ich richte meine gesamte Aufmerksamkeit auf mein gegenwärtiges Handeln.

Ich handle hier und jetzt! Es gibt keine andere Zeit als das Jetzt, und es wird auch nie eine andere Zeit als das Jetzt geben. Wenn ich mich ernsthaft darauf vorbereiten will, das gewünschte in Empfang zu nehmen, dann muss ich jetzt damit beginnen.

Ich kann nur dort handeln, wo ich mich gerade befinde.

Ich leiste Heute gute Arbeit!

Ich sollte auch nicht versuchen die Arbeit von morgen schon heute zu erledigen. Morgen werde ich alle erforderliche Zeit dafür haben.

Ich kann in meinem derzeitigen Umfeld handeln und damit bewirken, dass sich ein besseres Umfeld für mich auftut. Ich halte mit Glauben und Entschlossenheit an der Vision einer besseren Umgebung fest, aber ich handle in meiner jetzigen Umgebung mit ganzem Herzen, aller Kraft und vollem Verstand.

Einige Zeit lang werde ich wahrscheinlich dasselbe tun wie bisher. Ich werde es aber jetzt auf eine ganz bestimmte Art und Weise tun, und dadurch werde ich mit Sicherheit reich.

Ich halte an meiner Vision von dem für mich richtigen Geschäft fest – mit der festen Absicht, in dieses Geschäft einzusteigen und dem Glauben, dass ich es schaffen werde. Doch handeln muss ich in meinem jetzigen Geschäft. Ich nutze mein jetziges Geschäft als Ausgangsbasis, um ein besseres zu beginnen, und ich nutze mein aktuelles Umfeld als Sprungbrett, um in ein besseres zu gelangen. Wenn ich an meiner Vision des richtigen Geschäfts mit Glaube und Entschlossenheit festhalte, so wird dadurch die höchste Macht veranlasst, mir das richtige Geschäft zu bringen. Gleichzeitig wird mein

Handeln, wenn ich es auf die richtige Art und Weise tue, mich zum richtigen Geschäft hinführen.

Ich halte an meiner Vision des gewünschten Arbeitsplatzes fest, während ich mit Glaube und Entschlossenheit meine Aufgabe am jetzigen Arbeitsplatz erfülle. Dann werde ich mit Sicherheit die gewünschte Arbeitsstelle erhalten. Meine Vision und mein Glaube werden die schöpferischen Kräfte in Bewegung setzen, damit die neue Stelle zu mir kommt, und durch mein Handeln werde ich die Kräfte in meinem eigenen Umfeld veranlassen, mich zu meiner gewünschten Stelle zu führen.

Um dieses Kapitel zu beenden, werde ich meinen wichtigsten Aussagen eine weitere hinzufügen:

- Es gibt einen denkenden Stoff, aus dem alle Dinge erschaffen wurden, und der in seinem Urzustand die Zwischenräume des Universums durchströmt, durchdringt und ausfüllt.
- Ein Gedanke in dieser Substanz erschafft das, was durch den Gedanken Bildgestalt erhält.
- Ich kann Dinge in meinen Gedanken formen, und indem ich meine Gedanken der formlosen Substanz aufpräge, kann ich das Erdachte entstehen lassen.
- Hierfür muss ich das Konkurrenzdenken ablegen und mir das schöpferische Denken aneignen. Ich forme ein klares geistiges Bild von

dem, was ich mir wünsche, und ich halte an diesem Bild in meinen Gedanken fest, mit der festen Entschlossenheit, das Gewünschte zu erhalten, und dem unerschütterlichen Glauben, dass ich es erhalten werde – indem ich meinen Geist gegen alles verschließe, was meine Entschlossenheit erschüttern, meine Vision verdüstern oder meinen Glauben ersticken könnte.

- Damit ich das gewünschte auch in Empfang nehmen kann, wenn es mich erreicht, muss ich mein jetziges Handeln auf die Menschen und Dinge in meinem aktuellen Umfeld ausrichten.

Es gibt nur ein großes Gesetz, und es lautet: **„Energie ist."**
Alle Natur und Geisteswissenschaften beruhen auf diesem einen großen Gesetz und seinen sieben untergeordneten Gesetzen, die alle miteinander zusammenwirken.

- **Das Gesetz der immerwährenden Umwandlung**
- **Das Gesetz der Relativität**
- **Das Gesetz der Vibration**
- **Das Gesetz der Polarität**
- **Das Gesetz des Rhythmus**
- **Das Gesetz von Ursache und Wirkung**

- **Das Gesetz der Entwicklung**

Die beste Definition für ein Naturgesetz ist wahrscheinlich die folgende:
„Es ist die gleichförmige und systematische Vorgehensweise des allmächtigen Gottes."

Kapitel 12
Wirkungsvolles Tun

Ich muss meine Gedankenkraft so einsetzen, wie ich es in den vorangegangenen Kapiteln beschrieben habe. Ich beginne einfach damit, das mir Mögliche zu tun, und zwar dort, wo ich mich jetzt befinde.

Die Welt kommt nur durch die voran, die mehr tun, als von ihnen verlangt wird.

Dieses Gesetz wirkt genauso auch für mich. Mein Reichwerden hängt davon ab, dass ich dieses Prinzip auf meine eigenen Angelegenheiten anwende.

Wenn jeder Tag erfolgreich ist, kann ich mein Reichwerden gar nicht verhindern.

Ich kann die Auswirkungen auch des unbedeutendsten Tuns nicht vorhersehen. Ich weiß nicht, wie all die Kräfte, die für mich in Bewegung gesetzt wurden, genau funktionieren. Vieles hängt vielleicht davon ab, dass ich etwas ganz unscheinbares tue; dies ist genau vielleicht der Schlüssel, der das Tor zu großen Gelegenheiten öffnet.

Ich erledige daher an jedem Tag alles, was mir an diesem Tag nur möglich ist.

Es kommt nicht auf die Anzahl der Dinge an, die ich erledige, sondern auf die Wirksamkeit jedes einzelnen Tuns.

Andererseits stellt jedes wirkungsvolle Handeln in sich schon einen Erfolg dar, und wenn ich in meinem

Leben stets wirkungsvoll handele, dann muss mein ganzes Leben erfolgreich sein.

Ich kann jede Handlung erfolgreich ausführen, denn das Unendliche ist an meiner Seite, und das Unendliche kann nicht scheitern. Die höchste Macht steht mir zu Diensten, damit ich stets erfolgreich handeln kann.

Wenn ich kraftvoll handele, so ist dies genau die bestimmte Art und Weise, die mich reich machen wird. Ich kann jede Aufgabe kraftvoll und wirkungsvoll erledigen, indem ich dabei an meiner Vision festhalte und indem ich die ganze Kraft meines Glaubens und meiner Entschlossenheit hineinlege.

Wenn ich allerdings die höchste Macht in jedes Tun einbeziehe, wie alltäglich es auch sei, so wird jedes Tun auch in sich selbst erfolgreich sein. Jeder Erfolg ebnet dann den Weg für weitere Erfolge. Ich werde mich immer schneller auf das Gewünschte zubewegen, und gleichzeitig kommt es auch immer schneller auf mich zu.

Ich denke stets daran, dass die Resultate erfolgreichen Handelns sich wechselseitig noch verstärken. Wenn ich beginne, meinem Leben mehr Ausdruck zu verleihen, dann strömt immer mehr Gutes auf mich zu, und die Reichweite meines Verlangens vervielfältigt sich, denn die Sehnsucht nach mehr Leben wohnt in allem. Ich tue daher jeden Tag, was ich an diesem Tag tun kann, und ich handle stets auf wirkungsvolle Weise.

Ich nutze meine Freizeit, um meine Vorstellungskraft

auf die Details meiner Vision zu konzentrieren und um sie fest in meinem Gedächtnis zu verankern.

Wenn ich rasche Resultate wünsche, dann ist es ratsam, praktisch meine gesamte Freizeit mit dieser Übung zu verbringen. Durch beständige Betrachtung präge ich das Abbild des Gewünschten fest in mein Bewusstsein ein und übermittle es vollständig dem Geist der formlosen Substanz. Dann brauche ich während meiner Arbeitszeit nur an dieses Bild zu denken; dies wird meinen Glauben und meine Entschlossenheit stimulieren und mich anspornen, mein Bestes zu geben. Ich beschäftige mich in meiner Freizeit intensiv mit meinem Bild, bis mein Bewusstsein so davon erfüllt ist, dass es völlig von mir Besitz ergreift. Ich werde von den verlockenden Aussichten so begeistert sein, dass bereits der bloße Gedanke daran die stärksten Energien meines ganzen Wesens Wachruft.

Ich wiederhole noch einmal mein Credo, und indem ich die Schlussaussage leicht verändere, passe ich es meinem nun erreichten Kenntnisstand an:

- Es gibt einen denkenden Stoff, aus dem alle Dinge erschaffen wurden, und der in seinem Urzustand die Zwischenräume des Universums durchströmt, durchdringt und ausfüllt.
- Ein Gedanke in dieser Substanz erschafft das, was durch den Gedanken Bildgestalt erhält.
- Ich kann Dinge in meinen Gedanken formen, und indem ich meine Gedanken der formlosen

Substanz aufpräge, kann ich das Erdachte entstehen lassen.

- Hierfür muss ich das Konkurrenzdenken ablegen und mir das schöpferische Denken aneignen.Ich forme ein klares geistiges Bild von dem, was ich mir wünsche.
- Ich erledige mit Glauben und Entschlossenheit alles, was mir möglich ist – und stets auf wirkungsvolle Weise.

Es gibt nur ein großes Gesetz, und es lautet: **„Energie ist."**
Alle Natur und Geisteswissenschaften beruhen auf diesem einen großen Gesetz und seinen sieben untergeordneten Gesetzen, die alle miteinander zusammenwirken.

- **Das Gesetz der immerwährenden Umwandlung**
- **Das Gesetz der Relativität**
- **Das Gesetz der Vibration**
- **Das Gesetz der Polarität**
- **Das Gesetz des Rhythmus**
- **Das Gesetz von Ursache und Wirkung**
- **Das Gesetz der Entwicklung**

Die beste Definition für ein Naturgesetz ist wahrscheinlich die folgende:
„Es ist die gleichförmige und systematische Vor-

gehensweise des allmächtigen Gottes."

Kapitel 13
Die richtige Aufgabe

Mein Erfolg in jeder Art von Tätigkeit hängt davon ab, dass ich die hierfür erforderlichen Fähigkeiten in hoch entwickeltem Maß besitze.

Meine verschiedenen Fähigkeiten sind wie Werkzeuge. Es ist unabdingbar, gute Werkzeuge zu besitzen, aber es ist ebenso notwendig, sie richtig zu verwenden.

Die verschiedenen Fähigkeiten meines Geistes sind die Werkzeuge, mit mit denen ich die Arbeit verrichten muss, die mich reich machen soll. Der Erfolg wird für mich einfacher sein, wenn ich mich einer Tätigkeit widme, für die ich mit geistigen Werkzeugen gut ausgestattet bin.

Im Allgemeinen werde ich es am einfachsten mit einer Aufgabe haben, in der ich meine größten Stärken einsetzen kann – die Aufgabe, für die ich von Natur aus am besten ausgestattet bin.

Ich kann in jeder Art von Tätigkeit reich werden, denn wenn ich nicht das dafür nötige Talent besitze, dann kann ich es entwickeln.

Das bedeutet einfach, dass ich mir meine Werkzeuge im Lauf der Zeit selbst schaffe, anstatt mich nur auf die zu beschränken, die ich schon mitgebracht habe.

Ich kann mit jeder Beschäftigung Erfolg haben, weil ich jedes schlummernde Talent entwickeln kann, und es gibt kein Talent, das nicht in mir angelegt wäre.

Wirklich zu leben bedeutet, das zu tun, was ich tun will. Mein Verlangen danach ist schon der Beweis, dass ich die Kraft dafür in mir trage. Das Verlangen ist eine Erscheinungsform von Energie.

Wenn sonst nichts dagegen spricht, dann ist es am besten, wenn ich ein Betätigungsfeld wähle, für das meine Talente am höchsten entwickelt sind. Wenn ich aber ein starkes Verlangen nach einer bestimmten Aufgabe habe, sollte ich diese als mein oberstes Ziel wählen.

Im Allgemeinen kann ich mein Tätigkeitsfeld und meine Umgebung am besten verändern, indem ich mich selbst weiterentwickele.

Auf der schöpferischen Ebene gibt es niemals Eile, und es gibt keinen Mangel an Gelegenheiten.

Niemand wird mir bei dem was ich tun will zuvorkommen. Es gibt genug für alle.

Es steht mir mehr als genug Zeit zur Verfügung.

Ich beschäftige mich immer wieder mit meiner Vision und ich stärke meinen Glauben und meine Entschlossenheit.

Es existiert ein Geist, der alles Wissen in sich trägt. Wenn ich tiefe Dankbarkeit empfinde, kann ich durch meinen Glauben und meine Entschlossenheit, im Leben voranzukommen, in große Harmonie mit diesem Geist gelangen.

Wenn ich mich weiterhin auf die bestimmte Art und Weise verhalte, wird sich mir eine stets wachsende Anzahl von Gelegenheiten bieten. Es ist dazu erforderlich, dass ich in meinem Glauben und in meiner Entschlossenheit sehr beständig bin und durch respektvolle Dankbarkeit in enger Beziehung zur höchsten Macht verbleibe.

Ich tue jeden Tag das, was ich tun kann, auf perfekte Weise, aber ich tue es ohne Hast, Sorge oder Angst. Ich erledige alles so rasch wie möglich, aber ohne Eile.

Ich richte meine Aufmerksamkeit auf das geistige Bild des Gewünschten und ich beginne, dafür dankbar zu sein, das ich es erhalte. Diese Dankbarkeitsübung wird jedes mal meinen Glauben stärken und meine Entschlossenheit erneuern.

Kapitel 14
Das Gefühl von Wachstum

Ich sollte mein jetziges Handeln auf meine derzeitige Tätigkeit ausrichten. Ich kann in mein gewünschtes Tätigkeitsfeld überwechseln, indem ich die Aufgabe, die ich zurzeit ausführe, konstruktiv nutze – indem ich meine tägliche Arbeit auf die ganz bestimmte Art und Weise verrichte.

Soweit meine Tätigkeit mit anderen Menschen zu tun hat, sei es persönlich, telefonisch oder schriftlich, muss der Schlüsselgedanke all meiner Bemühungen sein, im anderen ein Gefühl von Wachstum hervorzurufen.

Das Verlangen nach Wachstum wohnt allem in der Natur inne. Es ist der grundlegende Impuls des Universums. Alle menschlichen Aktivitäten beruhen auf dem Streben nach Wachstum. Die Menschen streben nach mehr Nahrung, mehr Kleidung, besserer Un-terkunft, mehr Luxus, mehr Schönheit, mehr Wissen, mehr Vergnügen – nach mehr Leben.

Das normale Verlangen nach stetig ansteigendem Reichtum ist nichts Schlechtes oder Tadelnswertes. Es ist einfach nur das Verlangen nach einem aus-gefüllteren Leben, und da dies der tiefste Instinkt ihres Wesens ist, fühlen sich alle Menschen von jemandem angezogen, der die Ausdrucksmöglichkei-ten ihres Lebens erweitert.

Ich bin ein Schöpfungszentrum, das Wachstum für

alle bewirkt.

Ich bin mir dessen sicher, und ich übertrage diese Sicherheit auf jeden Mann und jede Frau und jedes Kind, mit denen ich in Kontakt komme.

Ich übermittle bei all meinem Tun das Gefühl von Weiterentwicklung, sodass jedermann den Eindruck erhält, dass ich im Leben voranschreite, und das ich alle, die mit mir zu tun haben, weiterbringe. Ich gebe auch an die Menschen, die ich privat treffe, dieses Wachstumsgefühl weiter.

Ich tue alles in der festen Überzeugung, dass ich eine voranschreitende Persönlichkeit bin, und dass ich jeden weiterbringe. Ich genieße das Gefühl, dass ich reich werde, und dass ich dabei auch andere reich mache – dass ich allen einen Nutzen biete.

Ich spüre einfach meinen Glauben und ich gebe ihm bei jedem Umgang mit Menschen Ausdruck. Ich lasse jedes Tun, jedes Wort und jeden Blick die ruhige Sicherheit ausstrahlen, dass ich reich werde – dass ich bereits reich bin. Es wird keiner Worte bedürfen, um dieses Gefühl an andere zu übermitteln. Diese werden das Gefühl des Wachstums spüren, wenn ich in ihrer Nähe bin, und sich zu mir hingezogen fühlen.

Ich muss andere so sehr beeindrucken, dass diese das Gefühl bekommen, dass eine Zusammenarbeit mit mir für sie Wachstum bedeuten wird. Ich achte darauf, dass der Nutzwert, den ich ihnen biete, größer ist als der Geldwert, den ich von ihnen entgegennehme.

Wenn ich darauf immer ehrlich stolz bin und es alle wissen lasse, werde ich stets genügend Kunden haben. Die Menschen gehen dort hin, wo sie Wachstum spüren; und die höchste Macht – die nach Wachstum in allem strebt und alles weiß – wird mich sogar mit Menschen in Kontakt bringen, die noch nie von mir gehört haben. Meine Umsätze werden rasch anwachsen, und ich werde von den unerwarteten Vorteilen überrascht sein, die auf mich zukommen. Ich kann interessantere Kontakte knüpfen, mir größeren Nutzen sichern, und mich einem Tätigkeitsfeld widmen, das mir mehr liegt, falls dies mein Wunsch sein sollte.

Allerdings darf ich bei alledem niemals meine Vision, meine Glauben und meine Entschlossenheit aus dem Blick verlieren.

Ich kann das Prinzip des schöpferischen Handelns nicht besser ausdrücken als in der goldenen Regel: „Was ich für mich wünsche, das wünsche ich jedem."

Kapitel 15
Im Leben voranschreiten

Wenn ich zur Weiterentwicklung des Lebensausdrucks anderer Menschen beitrage und diese mein Geschenk annehmen, so fühlen diese sich zu mir hingezogen, und ich werde reich.

Was auf den Lehrer, den Geistlichen und den Arzt zutrifft, gilt ebenso für den Rechtsanwalt, den Zahnarzt, den Immobilienhändler, den Versicherungsagenten – es gilt für jeden.

Das Zusammenspiel von geistigem Wirken und persönlichem Tun, das ich beschrieben habe, ist unfehlbar. Es kann nicht scheitern. Ich werde reich werden, wenn ich diese Anleitungen beständig, ausdauernd und wortgetreu befolge. Das Gesetz der Höherentwicklung des Lebens ist in seiner Wirkungsweise genauso mathematisch sicher wie das Gesetz der Schwerkraft. Das Reichwerden ist ein exakte Wissenschaft.

Ich forme eine klare geistige Vision von dem, was ich mir wünsche, und ich beginne damit, mit Glaube und Entschlossenheit zu handeln.

Ich erledige jeden Tag alles, was ich kann und verrichte jeden Arbeitsschritt auf völlig erfolgreiche Weise. Ich lege die Kraft des Erfolgs und die Entschlossenheit, reich zu werden, in all mein Tun.

Es gibt eine Macht, die immer bereitsteht, um mir Gelegenheiten zu bieten, wenn ich im Einklang mit dem Gesetz voranschreite. Gott kann gar nicht anders, als mir zu helfen, wenn ich mich auf die bestimmte Art und Weise verhalte. Er muss dies tun, um sich selbst zu helfen.

Wenn ich beginne, auf die bestimmte Art und Weise voranzuschreiten, werde ich mit Sicherheit die Zwänge der Konzerne hinter mir lassen und meine Selbstständigkeit beginnen können, oder was immer ich mir wünsche.

Ich erwarte nicht, das eine Gelegenheit gleich das Optimum darstellt. Wenn sich eine Gelegenheit für mich ergibt, mich zu verbessern, und ich fühle mich zu ihr hingezogen, dann sollte ich sie ergreifen. Dies ist dann der erste Schritt hin zu einer noch besseren Gelegenheit.

In diesem Universum ist es unmöglich, das es für einen Menschen, der im Leben voranschreitet, einen Mangel an Gelegenheiten gibt. Es liegt in der Struktur des Universums begründet, dass alles meinem Weiterkommen dient und zu meinem Vorteil zusammenwirkt. Ich muss unweigerlich reich werden, wenn ich auf die bestimmte Art und Weise handle und denke. Auch als Arbeitnehmer sollte ich dieses Buch mit großer Sorgfalt studieren und voller Vertrauen den Weg der Tat beschreiten, den ich vorschlage. Ich werde es schaffen … ja, ich werde reich!

Kapitel 16
Zusammenfassung

Es gibt einen denkenden Stoff, aus dem alle Dinge erschaffen wurden, und der in seinem Urzustand die Zwischenräume des Universums durchströmt, durchdringt und ausfüllt.

Ein Gedanke in dieser Substanz erschafft das, was durch den Gedanken Bildgestalt erhält.

Ich kann Dinge in meinen Gedanken formen, und indem ich meine Gedanken der formlosen Substanz aufpräge, kann ich das erdachte entstehen lassen.

Hierfür muss ich das Konkurrenzdenken ablegen und mir das schöpferische Denken aneignen. Ansonsten kann kann ich nicht in Harmonie mit der formlosen Intelligenz kommen, denn diese wirkt immer im Geist der Schöpfung und niemals im Geist der Konkurrenz.

Ich kann in völlige Harmonie mit der formlosen Substanz gelangen, indem ich ein lebendiges und aufrichtiges Dankbarkeitsgefühl für alle meine Segnungen entwickle. Die Dankbarkeit vereint meinen Geist mit dem denkenden Geist, und meine Gedanken werden von der formlosen Substanz aufgenommen. Ich kann nur auf der schöpferischen Ebene verbleiben, wenn ich mich mit der formlosen Intelligenz durch ein tiefes und andauerndes Gefühl der Dankbarkeit verbinde.

Ich muss ein deutliches und fest umrissenes Bild von

allem formen, das ich haben, tun oder werden möchte. Ich halte an an diesem geistigen Bild in meinen Gedanken fest, während ich der höchsten Macht gegenüber tiefe Dankbarkeit dafür empfinde, das sie mir alle meine Wünsche erfüllt. Wenn es mein sehnlichster Wunsch ist, reich zu werden, sollte ich meine Freizeit damit verbringen, meine Vision auszugestalten und aufrichtig dafür dankbar zu sein, diese Wirklichkeit als Geschenk zu erhalten. Es kann nicht oft genug betont werden, wie wichtig es ist, mich häufig mit dem mentalen Bild zu beschäftigen – verbunden mit unerschütterlichem Glauben und andächtiger Dankbarkeit. Hierdurch geschieht das Einprägen in die formlose Substanz, und die schöpferischen Kräfte werden in Bewegung gesetzt.

Die schöpferische Energie wirkt entsprechend der bereits existierenden natürlichen Wachstumsabläufe und innerhalb der derzeitigen wirtschaftlichen und sozialen Ordnung. Alles in meinem geistigen Bild wird mich mit Sicherheit erreichen, wenn ich meinen Anweisungen folge und an meinem Glauben festhalte. Alles Gewünschte wird durch die existierenden Mechanismen von Handel und Dienstleistung zu mir gelangen.

Ich muss aktiv sein, um das mir zustehende zu empfangen, wenn es für mich bereit steht. Ich wachse über mein derzeitiges Tätigkeitsfeld hinaus. Ich mache mir immer wieder bewusst, das der Sinn darin besteht, durch die Verwirklichung meines geistigen Bildes reich zu werden. Ich tue jeden Tag, was an diesem Tag getan werden kann – und ich achte darauf, dass ich jeden Arbeitsschritt erfolgreich durchführe. Ich muss jedem Menschen einen Nutzwert bieten, der den erhaltenen Geldwert übersteigt – damit aus jedem Verkauf mehr Leben erwächst. Ich halte am Gedanken des Fortschritts fest, damit das Gefühl des Wachstums an alle übertragen wird, mit denen ich in Kontakt komme.

Die Männer und Frauen, die die vorangegangenen Anweisungen umsetzen, werden mit Sicherheit reich werden; und der Reichtum, den ich erhalte, wird in genauem Verhältnis stehen zu der Eindeutigkeit meiner Vision, der Beständigkeit meiner Entschlossenheit, der Festigkeit meines Glaubens und der Tiefe meiner Dankbarkeit.

TEIL 2:

Die Wissenschaft des Reichwerdens in der Praxis

Kapitel 1:

Überlege dir möglichst viele Gründe, warum du unbedingt deine finanziellen Ziele erreichen musst!

- Gesundheit
- Freizeitsport wie Segelfliegen
- Eigene Charity Projekte
- Für die Familie Sorgen können

Denke bei deiner Liste immer daran, du lebst für den Körper, für den Geist und für die Seele und alle drei Bereiche sind gleichermaßen wichtig. Lies dir dieses Kapitel nocheinmal durch für weitere Anregungen.

Kapitel 2:

Denke intensiv darüber nach, wie du die sieben universellen Gesetze des Lebens in allen deinen Lebensbereichen gewinnbringend anwenden kannst. Ich habe hier für Dich ein paar Anregungen:

1. **Das Gesetz der immerwährenden Umwandlung:**
   Die Vorstellungen, die Ich in meinem Kopf habe, schlagen sich in den allermeisten Fällen in dem nieder, was Ich im Leben erreiche.

2. **Das Gesetz der Relativität:**
   Dinge sind erst dann gut oder schlecht, klein oder groß, wenn Ich sie mit anderen in Relation setze. Ich übe mich darin, meine eigene Situation in Relation zu etwas sehr viel schlechterem zu setzen. Meine Lage wird dadurch sehr viel besser aussehen.

3. **Das Gesetz der Vibration:**
   Die bewusste Wahrnehmung einer Schwingung bezeichnet man als Gefühl. Meine Gedanken beherrschen meine Denkmuster und meine Vibration. Wenn ich mich nicht gut fühle, mache ich mir bewusst, was ich gerade denke, und denke dann an etwas angenehmeres.

4. **Das Gesetz der Polarität:**
   Von allem existiert das Gegenteil: heiß – kalt

… oben – unten … gut – schlecht. Wenn ich in einem Menschen sehr viel schlechtes sehe kann ich mir sicher sein das ich in ihm auch sehr viel gutes finde und dann sage ich es ihm auch.

5. **Das Gesetz des Rhythmus:**
Wenn ich mich in einer Abwärtsphase befinde, sollte ich mich desweegen nicht schlecht fühlen. Ich mache mir bewusst, das das Pendel auch wieder zurück schwingt und die Dinge wieder besser werden.

6. **Das Gesetz von Ursache und Wirkung:**
Alles was ich ins Universum aussende kommt zu mir zurück. Aktion und Reaktion sind immer gleichwertig! Ich bin zu jedem Menschen freundlich, behandle jeden mit Respekt und ich werde all das zurückbekommen. Ich mache mir niemals Sorgen darüber, was ich bekommen werde, sondern konzentriere mich nur darauf, was ich geben kann.

7. **Das Gesetz der Entwicklung:**
Jeder Samen hat eine Reife- oder Entwicklungszeit. Gedanken sind geistige Samen, die sich zu einer materiellen Form oder zu Ergebnissen entwickeln. Mein Ziel wird sich erfüllen, wenn die Zeit dafür gekommen ist. Ich glaube fest daran.

Kapitel 3:

Die Möglichkeiten und Gelegenheiten sind absolut grenzenlos! Du kannst ALLES haben und erreichen, was du Dir mit einem brennenden Verlangen sehnlichst wünscht.

Mache Dir jetzt eine Liste an Dingen die du haben willst – von Auto bis Insel, von betrieblicher Karriere bis zum Großunternehmer Die einzigen Grenzen sind die deiner Phantasie.

Kapitel 4:

Ein kleiner Kurs in Metaphysik – macht diese Worte zu eurem Manifest!

Unsere Gedanken sind der Stoff, aus dem alle Dinge erschaffen werden und der in seiner ursprünglichen Form jeden Winkel des Universums durchstömt und ausfüllt.

Ein Gedanke, der sich in dieser Substanz manifestiert, bringt genau das hervor, was durch den Gedanken verbildlicht wird.

Ich kann Dinge in meinen Gedanken formen, und indem ich meine Gedanken der formlosen Substanz aufpräge, kann ich das erdachte entstehen lassen. – *und hier reden wir von Gott, ganz wie Jesus sagte:"Bittet um was ihr wollt im festen Glauben das ihr es bereits empfangen habt, und es wird euch zuteil werden!"*

Kapitel 5:

In diesem Kapitel möchte ich auf ein paar Passagen näher eingehen:

„Jeder Gedanke, den ich denke, bringt mich dazu, einen weiterführenden Gedanken zu denken. Mein Bewusstsein erweitert sich ständig. Jede Tatsache die ich lerne, führt mich zur Erkenntnis einer weiteren Tatsache."

In dieser Passage geht es um die Notwendigkeit der Weiterbildung im Sinne der Höherentwicklung. Lerne ständig weiter ganz egal ob in deinem Beruf oder bei deinen Hobbys oder indem du einen Artikel liest, in dem steht, wie du deine Partnerin glücklicher machen kannst.

„Es ist Gottes Wille, dass ich das Bestmögliche aus mir mache – für mich selbst und für andere; und indem ich das Bestmögliche aus mir mache, kann ich anderen besser helfen, als auf jede andere Weise."

Es geht nicht alleine um die Befriedigung unseres Egos, sondern darum, anderen Menschen zu helfen ein besseres Leben zu führen und glücklicher zu sein. Dadurch erhalten wir als Gegenleistung das gleiche wie die anderen.

„Ich werde zu einem Schöpfer, indem ich die höheren Fähigkeiten einsetze, mit denen ich geboren wurde: Wahrnehmeng, Verstand, Wille, Vorstellungskraft und Intuition.

Kapitel 6:

Als ich Ende Juni die „Wissenschaft des Reich-werdens" fand hatte ich NICHTS! Ich hatte kein Geld um mir etwas zum Essen oder zum Trinken kaufen zu können, oder wenigstens für 5 Liter Sprit um Nachhause fahren zu können.

Dieses Buch hat sofort einen sehr positiven Effekt gehabt, denn ich hatte die Idee mit dem Touristen Paar eine Foto Session zu machen und erhielt für diese Dienstleistung einen symbolischen Gegenwert von 100,00€.

Der Effekt diese Buches war:

von fünfstellig verschuldet und 1000,00€ im Dispo NACH Gehaltseingang zu Schuldenfrei, mehr als 1000,00€ auf dem einen Fond, 200,00€ auf dem anderen Fond, Investition in mehrere Seminare die alle vierstellig gekostet haben, erste Festanstellung meines Lebens bei doppeltem Gehalt – davor war ich ausschließlich Leiharbeiter oder Arbeitslos.

Und jetzt kommen wir zum wichtigsten in dem ganzen Buch - ich habe mir mehrere kleine und größere Einkommensquellen erschaffen.

Was kannst Du tun, um dein Einkommen zu steigern?
Denke dir 15 Möglichkeiten aus, Von Pfandflaschen sammeln über Markthandel bis Bestseller schreiben uvm. Ist alles möglich.

Deine Möglichkeiten sind allein von deiner Phantasie
begrenzt.

Kapitel 7:

DANKBARKEIT!!!
Das ist etwas ganz besonders wichtiges in der Wissenschaft des Reichwerdens.
Als nach meiner Hell Night direkt vor mir die Sonne aufging und dessen Strahlen mein Herz berührten und die Wärme tief in meine Seele drang empfand ich ein sehr tiefes Gefühl der Dankbarkeit.
Als ich die Wissenschaft des Reichwerdens fertig gelesen hatte empfand ich Dankbarkeit dafür, dass Ich dieses Buch finden durfte.
Als das Paar mir diesen 100,00€ Schein schenkte war ich unendlich dankbar, denn ich konnte mir etwas zum Essen und zum Trinken kaufen.
Immer wenn ich eine Flasche gefunden habe war ich Dankbar für diese 0,08€ bis 0,25€
Dieses Spiel lässt sich unendlich weiterführen – ich könnte ein ganzes Buch allein über die positiven Auswirkungen der Dankbarkeit schreiben.

Aber jetzt bist Du dran!
Wofür kannst Du dankbar sein?

Mach **„DANKE lieber Gott"** zu deinem ständigen Gebet und du wirst überschüttet mit Gründen, noch dankbarer zu sein!

Kapitel 8:

Um unsere Ziele zu erreichen brauchen wir als erstes ein klares Ziel, so wie wir es bereits formuliert haben.

Als zweites müssen wir dieses Ziel in unserem Geist fixieren, indem wir es ständig entweder mündlich und oder schriftlich wiederholen.

Dies alles ist legitim und wichtig, doch das wichtigste bei der ganzen Sache ist die Visualisierung, so wie sie hier in diesem Kapitel dargestellt wird.

Mal angenommen, es ist das Ziel, eine neue Liebe zu finden:

Stell dir nicht eine Frau vor deinem geistigen Auge vor, sondern sieh dich selbst gemeinsam mit dieser Frau, Seite an Seite, einen romantischen Spaziergang machen, Ihr küsst euch wild und leidenschaftlich, ihr habt Sex und bekommt ein Kind, Usw. usw. usw. usw. bringe so viel Gefühl in deinen Lebensfilm wie nur irgend möglich, denn die Schwingung positiver Gefühle ist das, was durch magnetische Kraft alles erwünschte in dein Leben zieht.

Wenn es um ein Produkt wie ein Auto geht, dann gebrauche es in deiner Vorstellung, bis du ganz sicher bist, das du es bereits besitzt.

Fühle den Wind in den Haaren, höre das Geräusch des Motors, fühle die Unebenheit der Straße …

Kapitel 9:

Nutze deine Willenskraft alleine, um deine Aufmerksamkeit auf deine große Lebensvision und auf alle kleinen und großen untergeordneten Ziele zu richten. Konzentriere dich mit ganzem Herzen und Verstand auf die Visualisierung deiner Ziele und lass dich von nichts und niemandem ablenken.

Schaffe dir einen klaren Freiraum für diese Arbeit und lass dich von nichts und niemandem ablenken, denn das Visualisieren ist besonders wichtig um deine Ziele erreichen zu können.

Kapitel 10:

Lass jeden Gedanken an Armut hinter dir und konzentriere dich ausschließlich auf Wohlstand.

Die Energie folgt der Aufmerksamkeit!

Richtest du deinen Willen gegen andere wird dies unweigerlich Konsequenzen haben
Richtest du deinen Willen gegen dich, um deine Übungen und Aufgaben bestmöglich zu erledigen, so wird dies auch Konsequenzen für dich haben, nur eben positive.

Frage Dich immer: Was kann ich heute tun, um das Leben meiner Mitmenschen etwas besser zu machen, und deine Mitmenschen werden automatisch ob bewusst oder unbewusst ihrerseits überlegen was sie tun können, um dein Leben und oder das Leben anderer ein bisschen besser zu machen.

Das ganz allein ist der legitime Gebrauch deiner Willenskraft.

Kapitel 11:

Was ist Dein warum?

Handeln auf die bestimmte Art und Weise kannst du nur, wenn du dein Warum kennst!

Mein „Warum" war damals „ums verrecken nicht verrecken!"

Das hört sich krass an, drückt aber ganz genau aus, worum es hier geht.

Das WARUM ist von entscheidender Bedeutung, ob du dein Ziel erreichst oder nicht.

Was ist Dein Warum?
Was ist der Grund, warum du reich werden willst?

Kapitel 12:

Reich zu werden ist das Ergebnis davon, sich auf eine bestimmte Art und Weise zu verhalten sagte Wallace Wattles.

Aber was genau ist denn diese ganz bestimmte Art und Weise von der in diesem Buch immer die Rede ist?

Hier kommt die Antwort:

Gedanken verursachen Gefühle
Gefühle verursachen Handlungen
Handlungen verursachen Resultate
Resultate verursachen Gefühle und Gedanken die wiederum Gefühle verursachen, die Handlungen …

Das ganze nennt sich ein Loop des Lebens, ganz wie der von Alexander Hartmann, dem Hypnose Genie.

Imagination wird Physiologie
Physiologie wird Erfahrungen
Erfahrungen werden Glaubenssätze
Glaubenssätze werden Imagination

Kapitel 13:

Was ist die für Dich richtige Aufgabe?
Ich selbst musste lange überlegen und habe mich auch zunächst blind ins Geschäftsleben gestürzt, denn ich musste ja Geldverdienen um überleben zu können.
Heute habe ich mehrere kleine Geschäfte und ich lebe meinen großen Traum . Meine Aufgabe – mit diesem Buch.
Wie kam ich dazu? Ich habe in einem Büch über Philosophie einen Text von Thomas Troward gefunden:
„Mein Geist ist ein Zentrum göttlichen Wirkens. Das göttliche Wirken ist immer auf Ausweitung und vollständigerem Ausdruck ausgerichtet. Dies bedeutet die Erschaffung von etwwas, das über das hinausgeht, was vorher da war, die Erschaffung von etwas vollständig neuem, das zu keiner vergangenen Erfahrung gehört.Es entspringt allerdings einer vergangenen Erfahrung durch eine regelmäßige Abfolge von Wachstumsschritten. Da nun das göttliche seine ihm innewohnende Natur nicht ändern kann, muss es in der selben Weise auch in mir wirken. Folglich wird es in meiner ganz eigenen Welt, in deren Mittelpunkt ich mich befinde, voranschreiten, um neue Bedingungen zu erschaffen, die stets einen Fortschritt bedeuten gegenüber dem, was zuvor existierte."

Lies diesen Text so oft, bis du deine Lebensaufgabe
gefunden hast!

Kapitel 14:

Was ich für mich wünsche, das wünsche ich jedem!

Denke an drei Menschen, die von deiner Unterstützung so richtig profitieren können. Schreibe ihre Namen auf ein Blatt und erläutere schriftlich, wie du jedem dieser drei in den nächsten 30 Jahren helfen wirst.

Wenn du aus ganzem Herzen etwas für andere tust, dann wird Gott dich vor Dankbarkeit überschütten mit allem Guten, das er zu bieten hat.